AF460961

EXPOSITION INTERNATIONALE DU CHILI

DE 1875

PARIS
IMPRIMERIE SIMON RAÇON ET COMPAGNIE
1, RUE D'ERFURTH, 1

1874

EXPOSITION INTERNATIONALE DU CHILI

DE 1875

[illegible]

[illegible]

[illegible]

EXPOSITION

INTERNATIONALE

DU CHILI

DE 1875

PARIS

IMPRIMERIE SIMON RAÇON ET COMPAGNIE

1, RUE D'ERFURTH, 1

1874

EXPOSITION
INTERNATIONALE
DU CHILI
DE 1875

Le gouvernement de la République du Chili a décrété l'ouverture d'une Exposition à Santiago le 16 septembre 1875, dans laquelle, outre les produits naturels et industriels du pays, seront admis ceux de l'Amérique et de l'Europe.

Le concours qui se prépare a le double but de faire connaître les progrès réalisés par cette République depuis sa dernière Exposition de 1869, et de stimuler, au moyen de l'exposition de nouveaux produits d'industries nouvelles et de procédés perfectionnés, le développement de la production nationale et du commerce en général.

Le Chili, comme pays nouveau et riche en toutes sortes de productions naturelles, a besoin d'étendre et d'améliorer l'exploitation du sol et des dépôts minéralogiques qui abondent dans son territoire; de stimuler l'Industrie qui doit transformer ces produits, et d'étendre les connaissances acquises au moyen de l'exposition des inventions qui se sont faites chez les nations plus avancées.

De même que l'Exposition internationale du Chili tend à ouvrir de nouvelles sources au mouvement agricole et industriel du pays, elle contribuera aussi à augmenter le commerce qu'il entretient avec la plus grande partie des nations américaines et avec les places principales de l'Europe.

La République du Chili possède une côte étendue et des ports nombreux, qui facilitent considérablement le rapprochement des grands centres agricoles, industriels et métallifères avec l'étranger, et l'exportation de ses multiples productions.

A l'intérieur du pays, les voies de communication sont faciles au moyen de chemins de fer, de rivières navigables et de chemins bien entretenus.

Il y a au Chili : 1,264 kilomètres de chemins de fer en exploitation, et 340 en voie d'exécution, la plus grande partie appartenant à l'État.

De plus, le territoire est traversé par des télégraphes qui mesurent 2,515 kilomètres.

De nombreuses entreprises de navigation à vapeur mettent en communication presque quotidienne Valparaiso, port principal de la République, avec les ports les plus importants de l'Europe et de l'Amérique.

La ligne de la Compagnie de navigation à vapeur du Pacifique fait le service par le détroit de Magellan et par l'isthme de Panamá, entre Valparaiso et Liverpool ; et celle de l'Étoile Blanche, deux fois par mois, par la première de ces voies. Entre Bordeaux et Valparaiso, la Compagnie transatlantique et une entreprise particulière entretiennent aussi un service régulier.

La ligne allemande « Kosmos » fait voyager deux vapeurs par mois, et développe le commerce, chaque jour plus actif, entre Valparaiso et Hambourg. Le port d'Anvers possède à présent un service qui le lie avec notre port principal.

Le commerce de cabotage est soutenu d'une manière efficace par la marine marchande nationale, et principalement par la « Compagnie Sud-Américaine de vapeurs, » formée de capitalistes chiliens, et qui sert toute la côte, depuis le port de Corral jusqu'à Callao.

Le commerce extérieur du Chili de l'année 1872 s'est élevé à $ 71,780,388, soit : $ 34,657,928 pour l'importation, et $ 37,122,460 pour l'exportation, avec une augmentation sur l'année antérieure de $ 5,130,767 pour la première, et $ 8,026,048 pour la seconde.

La situation géographique du Chili, entre 24° et 57° de latitude Sud, la variété de son climat tempéré en général, et la fertilité de son sol qui se conserve par des irrigations abondantes provenant de cours d'eau qui descendent de la Cordillère, favorisent, sans exiger l'emploi d'abonnements, la production de toute espèce de céréales, de plantes fourragères et de fruits les plus variés.

Ces mêmes courants d'eau, par la forme topographique du pays, présentent à chaque pas des chutes propres à l'établissement de moteurs hydrauliques.

L'agriculture, qui a un grand développement, fait usage, dans les diverses opérations, de machines d'inventions les plus modernes. Le chanvre, le lin, la soie, sont de première qualité.

La culture des céréales se fait sur une grande échelle, et donne lieu à une exportation considérable pour toute la côte du Pacifique et les ports principaux de l'Angleterre et de la France, dont les marchés accordent une certaine préférence aux blés chiliens.

La récolte de blé de l'année 1872 a été de 5,040,777 hectolitres, et celle de l'orge de 629,736 hectolitres.

L'exportation des produits agricoles, dans cette même année, s'est élevée à $ 12,108,698.

L'exploitation des mines, qui est une des grandes sources de richesse du pays, a pris un développement considérable par l'abondance et la variété de ses produits. La production du cuivre au Chili représente les deux tiers de celle du monde entier. Les mines d'argent de Copiapó, du Huasco et d'autres endroits, sont d'une richesse renommée, et en divers endroits on trouve d'abondants lavages d'or.

Enfin, le Chili possède sur toute l'étendue de ses côtes des dépôts carbonifères, dont un grand nombre est exploité sur une vaste échelle.

Les institutions de crédit sont aussi arrivées au Chili à un haut degré d'importance, et on doit au puissant esprit d'association la plus grande partie des entreprises qui ont le plus contribué au progrès du pays.

Les chiffres qui suivent font voir l'importance des entreprises réalisées au moyen de sociétés anonymes :

	Capital Nominal.	Capital Effectif.
Banques émissions, Escompte, etc.	$ 75,000,000	$ 18,000,000
Chemins de fer (entreprises particulières).	15,925,000	15,000,000
Vapeur, navires à voiles, etc. . .	6,946,000	4,051,000
Assurance contre l'incendie maritime et autres.	14,000,000	1,500,000
Compagnie pour l'exploitation du salpêtre.	5,700,000	2,734,000
Compagnies d'exploitation de mines	22,200,000	14,660,000
Compagnies industrielles.	6,505,000	4,590,000
	$ 144,272,000	$ 60,135,000

La paix profonde dont jouit le Chili depuis bien des années, l'esprit actif et entreprenant de ses habitants, la grande augmentation et la stabilité des institutions de crédit et des entreprises industrielles formées en grande partie par l'association des capitaux, font espérer que l'Exposition qui se prépare pour 1875 donnera une puissante impulsion au progrès du pays, et élargira les relations politiques et commerciales qu'il cultive avec les peuples civilisés de la terre.

PROGRAMME GÉNERAL

DE

L'EXPOSITION INTERNATIONALE DU CHILI

POUR L'ANNÉE 1875

L'Exposition internationale du Chili de 1875 admettra tous les produits et objets manufacturés compris dans la classification établie par ce programme, quel que soit le pays de leur provenance et sans autres restrictions que celles déterminées par les règlements de l'Exposition.

Les objets destinés à l'Exposition seront divisés en quatre sections, comme suit :

PREMIÈRE SECTION

MATIÈRES PREMIÈRES

1er GROUPE

Substances non élaborées et destinées à l'alimentation

a. Céréales et grains de toute espèce.
b. Tubercules et racines alimentaires.
c. Légumes farineux secs.
d. Produits horticoles.
e. Fruits conservés ou secs.
f. Épices et condiments, miel d'abeilles

g. Substances qui servent à la préparation des boissons, comme le café, le thé, le cacao, le coco, le mate, le houblon, etc.

h. Herbes, plantes fourragères, graines, racines et tubercules destinés à l'alimentation des animaux, et autres produits analogues.

2e GROUPE

Substances animales ou végétales d'usage industriel.

a. Soie du *bombyx mori* et autres.

b. Laines, peaux, crins et plumes.

c. Cornes, os, nacre, coquilles, etc.

d. Cire, stéarine, huile de baleine et autres.

e. Gomme et résines.

f. Baumes naturels.

g. Graines et plantes oléagineuses.

h. Matières colorantes et toute espèce de plantes et graines tinctorières.

i. Coton, lin, chanvre et toute espèce de fibres textiles.

j. Écorces et bois qui servent à la pharmacie ou bien à d'autres industries comme la tannerie, la parfumerie, etc.

l. Tabacs.

m. Bois de construction.

n. Engrais organiques.

o. Matières premières qui servent à la préparation des produits chimiques et autres substances analogues.

3e GROUPE

Productions minérales employées dans l'industrie.

a. Coton filé et tissu ; tissus de coton de toutes espèces.

b. Charbon fossile, tourbe, etc.

c. Pierres précieuses.

d. Goudron, et substances bitumineuses.

e. Naphte, pétrole, etc.

f. Granits, porphyres, marbres, ardoises et autres roches pouvant servir dans les constructions ou comme ornements.

g. Argiles et terres servant à la poterie et à la verrerie.

h. Soufre, borax, etc.

i. Sels, sel commun, alun, salpêtres.
j. Eaux minérales.
l. Engrais minéraux.

DEUXIÈME SECTION

MACHINES

4e GROUPE

Machines d'usage direct.

a. Moteurs à vapeur de toute espèce.
b. Chaudières de moteur à vapeur.
c. Moteurs hydrauliques, roues, turbines.
d. Presses hydrauliques.
e. Moteurs à vent.
f. Moteurs électro-magnétiques.
g. Machines pneumatiques.
h. Pompes de toute espèce.
i. Balances, bascules et autres appareils servant à peser.
j. Bascules à peser les animaux.
l. Grues à vapeur hydrauliques, et à bras.
m. Matériel de chemin de fer à rail fixe.
n. Locomotives et wagons.
o. Machines routières, et autres de traction.
p. Rails, traverses, aiguilles et pièces diverses.
q. Matériel et objets de chemin de fer de voie étroite.
r. Id. id. de tramways.
s. Id. id. de chemins de fer non fixes.
t. Id. id. de chemins de fer aériens.
u. Pièces séparées de machines, échantillons de pièces en fonte, tournées, etc., et autres analogues.

5e GROUPE

Machines d'usage manufacturier.

a. Machines destinées aux diverses opérations nécessaires à la préparation de la soie, du coton, de la laine, du lin, du chanvre et autres matières textiles.
b. Métiers de toute espèce.
c. Machines destinées aux opérations complémentaires de l'industrie textile.
d. Machines pour élaborer les substances animales et leurs transformations.
e. Machines pour la fabrication des chaussures et sellerie.
f. Machines pour la fabrication du papier et de leurs diverses applications.
g. Machines à régler, timbrer et teindre le papier.
h. Machines et appareils employés dans la Lithographie, la Typographie, et pour arranger et distribuer les types.
i. Machines employées dans la reliure.
j. Machines et outils destinés à la préparation et à l'élaboration de toute espèce de bois.
l. Appareils pour brasserie et distillerie.
m. Appareils pour la fabrication des briques, tuiles, tuyaux, ainsi que pour scier les pierres ou le marbre.
n. Machines à coudre et appareils analogues.

6e GROUPE

Matériel destiné à l'exploitation des mines et à l'élaboration des métaux.

a. Machines et outils destinés aux travaux des mines.
b. Modèles et plans de travaux des mines, machines pour perforation des puits et galeries.
c. Machines pour l'extraction des métaux et pour épuiser et ventiler les mines.
d. Appareils mécaniques pour la préparation et l'exploitation des minéraux.

e. Fourneaux pour métaux, et appareils spéciaux pour fonderies et forges.
f. Machines pour presser et préparer la tourbe.
g. Machines pour les divers traitements des minéraux qui ont été omises dans la classification antérieure ; et autres analogues.

7e GROUPE

Matériel de constructions civiles.

a. Machines et appareils destinés à la construction d'édifices publics et particuliers. Modèles de toits pour édifices.
b. Machines ou appareils destinés à la construction de ponts, viaducs, chaussées et chemins de tout genre.
c. Machines, appareils et modèles de constructions hydrauliques.
d. Machines ou matériel destinés aux réservoirs et distributions d'eau dans les habitations.
e. Machines, matériel pour l'éclairage des villes et des maisons particulières.
f. Appareils pour chauffer et aérer les édifices publics.
g. Matériel pour pavage et pour tout ce qui se rapporte à cet article.

8e GROUPE

Matériel naval et militaire.

a. Modèles de constructions navales.
b. Machines employées comme moteurs pour les vaisseaux.
c. Machines pour divers services à bord des navires.
d. Chaînes, ancres, agrès et tout ce qui concerne le gréement des navires.
e. Appareil de sauvetage.
f. Matériel pour les phares.
g. Armes destinées au service militaire et à usage des particuliers.
h. Matériel de construction.
i. Ambulances et appareils analogues.

9e GROUPE

Machines agricoles en général ; appareils et outils destinés spécialement à l'agriculture et à l'horticulture.

a. Machines et appareils destinés à la préparation du terrain : charrues, herses, rouleaux, etc.
b. Machines à semer et à fumer les terres.
c. Machines destinées à faucher et récolter.
d. Machines à arracher les troncs.
e. Machines destinées aux diverses préparations des produits agricoles, telles que : cribles, égreneuses, id. à trituration, id. pour couper et arracher les racines, etc.
f. Machines et appareils destinés aux moulins.
g. A la laiterie.
h. A la fabrication des huiles.
i. Machines pour la viticulture et préparation des liqueurs.
ȷ. Outils et instruments de toute sorte pour l'agriculture et l'horticulture.
l. Chariots ou charrettes pour les divers usages agricoles, etc.
m. Harnais pour chariots, charrues et autres appareils employés à l'agriculture.

10e GROUPE

Instruments de physique et procédés applicables aux sciences.

a. Appareils et instruments à l'usage de l'Astronomie, Topographie et Géométrie pratique.
b. Instruments pour les observations météorologiques.
c. Instruments d'optique.
d. Matériel et machines à l'usage de la Télégraphie.
e. Instruments de musique de toute sorte.
f. Montres, pendules, horloges de toutes sortes.
g. Appareils et instruments employés en chirurgie.
h. Machines et appareils de photographie, et autres analogues.

TROISIÈME SECTION

INDUSTRIES ET MANUFACTURES

11e GROUPE

Produits élaborés destinés à l'alimentation.

a. Farine et produits extraits des céréales : semoule et vermicelle.
b. Beurre frais et conservé, fromage, etc.
c. Viandes conservées par divers systèmes, jambons et autres préparations de viandes ; volailles, poissons, etc.
d. Conserves de légumes, fruits secs, ou conservés par d'autres moyens que la dessiccation.
e. Pain, biscuits de toute sorte et autres produits, pâtisserie.
f. Sucres de toute espèce, confiserie.
g. Vins de toute sorte, cidres et autres boissons extraites de fruits.
h. Bière et boissons diverses faites de céréales ; boissons fermentées.
i. Boissons spiritueuses, alcools, etc.
j. Huiles comestibles, lait en conserve, et autres substances, etc.

12e GROUPE

Tissus de toute sorte et de toute matière, broderies, dentelles, etc.

a. Tissus de coton.
b. Chanvre et lin préparés, tissus de ces substances.
c. Sparterie, jute, etc. ; leur préparation et leurs tissus.
d. Ramie (china grass) préparé ; tissus faits de cette matière.
e. Laines préparées, pour filer ; tissus de laine de toute espèce.
f. Soies préparées, tissus de soies de toutes sortes ; velours et rubans.
g. Dentelles brodées de tout genre faites à la machine ou à la main, et autres produits analogues.

13e GROUPE

Cuirs et poils préparés, produits de tanneries et selleries.

a. Cuirs et poils de toute nature préparés par divers systèmes pour tous les usages.
b. Cuirs préparés et teints pour la tapisserie, etc., etc.
c. Id. pour la chaussure
d. Cuirs vernis.
e. Cuirs préparés spécialement pour la sellerie.
f. Harnais pour voitures et chariots; harnais de luxe.
g. Selles, brides, et tout ce qui concerne la sellerie.
h. Crins préparés et travaillés avec leurs diverses applications.
i. Plumes et objets travaillés et autres articles analogues.

14e GROUPE

Papier et articles de bureau, de typographie, lithographie et reliure.

a. Papiers de toute sorte destinés à l'imprimerie, à la lithographie et à d'autres usages.
b. Types d'imprimerie, encres et autres articles concernant l'imprimerie et la lithographie.
c. Échantillons de typographie, autographie et lithographie en noir ou en couleurs; échantillons de gravures et de livres imprimés.
d. Modèles de dessins industriels, dessins obtenus pour reproduire ou réduire par moyens mécaniques, modèles de figures et d'ornements.
e. Papiers, encres, plumes et tout ce qui concerne les articles de bureau.
f. Livres rayés pour différents usages, et autres articles analogues.

15e GROUPE

Articles de vêtements pour usage personnel et domestique.

a. Étoffes de soie, laine, fil, coton, etc., destinées aux vêtements.
b. Bas, chaussettes, caleçons, chemisettes et autres articles analogues, destinés aux vêtements intérieurs des deux sexes.

c. Vêtements pour les deux sexes, petits et grands.
d. Cravates, corsets, gants, éventails, parapluies, ombrelles, cannes, etc.
e. Chapeaux d'hommes, de dames et d'enfants, calottes, toques, etc.
f. Chaussure de toute classe.
g. Vêtements complets pour les classes ouvrières suivant leur condition.
h. Id. applicables, en raison de leur solidité et de leur bas prix, aux établissements correctionnels et de bienfaisance.
i. Articles de voyage; malles, valises, couvertures, etc., etc.

16e GROUPE

Meubles, tapisseries, et en général, articles de décoration et d'ornementation d'appartements.

a. Meubles de tous genres et pour les diverses pièces d'habitation. Tables, chaises, fauteuils et tout ce qui concerne l'ameublement.
b. Articles de tapisserie de tous genres.
c. Papiers peints.
d. Tapis de laine et d'autres matières destinées à la remplacer.
e. Parquets de toute sorte.
f. Appareils pour chauffer, aérer et éclairer les habitations, cheminées, poêle, lampe à gaz, huiles ou pétroles, etc., etc.
g. Parfumerie de tout genre, essences d'odeurs, vinaigres aromatiques, savons, etc.
h. Petits objets d'ameublement et d'ornementation. Articles de bois, d'ivoire, d'écaille, d'os tourné et sculpté, etc.
i. Voitures de toute sorte pour usage particulier ou public, et autres articles analogues.

17e GROUPE

Travaux de métaux précieux et leur imitation, bijoux et articles de luxe.

a Bijoux de métaux précieux.
b. Bijoux de jais, écaille, ivoire, acier, etc.
Articles d'or et d'argent et autres métaux destinés à l'ornementation.

d. Articles de métaux précieux destinés au service des cultes; ornements et parures d'églises.
e. Articles d'argent (ou argentés), ou d'autres métaux destinés à l'usage domestique, comme service de table, thé, etc., etc.
f. Pièces de bronze et autres métaux, destinées à l'ornementation des habitations, etc., etc.

18e GROUPE

Fer, acier, quincaillerie en général, bronze et coutellerie.

a. Produits de l'élaboration des métaux; pièces de fonderie.
b. Fer de commerce.
c. Fer pour usages spéciaux.
d. Travaux de métaux forgés.
e. Chaînes, serrures, charnières, vis, etc., etc.
f. Travaux en bronze de toute espèce : tuyaux, clefs, etc.
g. Outils et ornements faits en cuivre, zinc, étain, etc., etc.
h. Coutellerie : couteaux de toute sorte, fourchettes, canifs, rasoirs, ciseaux, plumes, etc.
i. Fil-de-fer et d'archal, et travaux analogues; aiguilles, épingles, etc.

19e GROUPE

Cristaux, vitres, porcelaines manufacturées et céramique en général.

a. Cristaux de toute espèce destinés à l'usage des constructions.
b. Cristaux et vitres destinés aux usages et services des habitations.
c. Porcelaines et faïences.
d. Porcelaines et cristaux montés comme pièces d'ornement.
e. Terres cuites et autres produits analogues.

20e GROUPE

Produits élaborés des industries minérales pour les constructions.

a. Pierres naturelles de toute sortes pour constructions et diverses applications.
b. Fabriques de ciment et pierres artificielles.

c. Travaux de marbre et granit, albâtres, etc., pour construction et décoration.
d. Travaux pour articles d'ameublement.
e. Briques, tuiles et produits analogues.
f. Bitume de toute espèce pour pavages; et autres produits analogues.

21e GROUPE

Produits métallurgiques et de l'industrie minière en général.

a. Pâtes de cuivre, d'argent, d'or et d'autres métaux.
b. Alliages de tout genre.
c. Scories provenant de divers métaux de fonderies.
d. Acides, sels et autres produits qui s'extraient de l'élaboration des substances minérales, et autres produits analogues.

QUATRIÈME SECTION

BEAUX-ARTS

22e GROUPE

Architecture, modèles, plans.

a. Plans d'édifices publics, comme stations de chemins de fer, églises, prisons, casernes, marchés, théâtres, hôpitaux, colléges, tribunaux, couvents, hôtels, promenades publiques.
b. Plans d'ornementation et de décoration d'édifices; dessins de meubles et accessoires de l'art de construire, comme serrureries, tapisseries, ébénisterie, mosaïques et boiseries.
c. Plans d'édifices et établissements pour l'industrie, de travaux publics et d'intérêts généraux.
d. Plans de pavages, de chemins de fer, de routes et de télégraphes.

e. Plans géographiques, topographiques et de mines.

f. Études sur les ports de mer, jetées, digues, étuves, phares et môles.

g. Plans et études sur la canalisation appliquée à la navigation et à l'irrigation.

h. Études et plans sur la distribution des eaux; proportionnellement ou à quantités fixes.

i. Modèles d'architecture de toute nature, travaux en fer, plomb, bois, carton-pierre, tout réduit à l'échelle de proportion.

j. Modèles pour la construction d'ouvrâges plastiques; modèles de boiseries pour travaux d'églises et théâtres.

l. Dessins applicables aux travaux de construction.

23e GROUPE

Peinture.

a. Œuvres de peinture de tout système exécutées jusqu'à ce jour.

24e GROUPE

Écriture en relief, etc.

a. Statues de marbre en relief, bronze, etc., etc.

b. Monnaies et médaillons gravés.

25e GROUPE

Gravures lithographiques, etc.

a. Exemplaires de gravures au burin.

b. Épreuves lithographiques, photographiques, oléographiques-chromolithographiques.

c. Dessins à la plume et au crayon.

SECTION SPÉCIALE

INSTRUCTION PUBLIQUE

26e GROUPE

Il y aura en plus une section spéciale destinée au matériel et aux méthodes employées dans l'enseignement primaire, secondaire et universitaire, qui comprendra :

a. Plans et modèles d'édifices scolaires, pour écoles primaires, supérieures, lycées, collèges spéciaux et écoles industrielles, etc.
b. Mobilier d'écoles et de colléges.
c. Appareils, instruments, modèles et collections scientifiques destinés à faciliter ou perfectionner l'enseignement.
d. Matériel de gymnastique de toute sorte.
e. Publications et textes d'enseignement.
f. Matériel de bibliothèques populaires.

Durant le temps que l'Exposition sera ouverte, il y aura des expositions partielles d'animaux, d'horticulture, etc., dont les règlements et les programmes spéciaux se publieront en temps opportun.

Santiago, ce 16 septembre 1873.

Le Président,
RAFAEL LARRAIN.

Le Directeur,
DOMINGO BEZANILLA.

Le Secrétaire général,
E. DE LA BARRA.

RÈGLES POUR LES EXPOSANTS

A L'EXPOSITION INTERNATIONALE DU CHILI POUR L'ANNÉE 1875

ET

RENSEIGNEMENTS DIVERS

COMMUNICATIONS

Toute communication relative à l'Exposition sera dirigée au *Président de l'Exposition Internationale du Chili* de 1875 à Santiago.

Les commissions étrangères ou les exposants qui préfèrent communiquer directement avec le Président de l'Exposition, devront envoyer les demandes d'admission, de manière qu'elles soient reçues à Santiago avant le 1er janvier 1875.

DEMANDES D'ADMISSION

Les demandes pour l'admission des objets devront être adressées franco à Monsieur F. Fernandez Rodella, Consul Général du Chili, rue Laval, 26, à Paris.

La Commission Directrice se réserve le droit de limiter l'emplacement quand elle jugera la demande excessive pour les objets qu'on demande à exposer. Les exposants qui concourront à l'Exposition seront préférés dans l'ordre de localité, selon la date de leur demande.

REMISE DES OBJETS

Tous caissons, caisses ou colis qui contiennent les articles destinés à l'Exposition, devront, en plus des marques d'usage et des numéros d'ordre, porter cette inscription : *Exposition du Chili.*

L'enceinte de l'Exposition sera considérée comme magasin de dépôt de la douane de Valparaiso, afin que les objets y soient remis directement et examinés par des employés spéciaux de la douane.

Afin de faciliter la vérification du contenu des caisses, les exposants devront accompagner leur envoi d'une facture aussi détaillée que possible sur le contenu de chaque colis.

RÉCEPTION ET INSTALLATION

Les articles correspondant aux sections I, II et III se recevront en dépôt dans les magasins de l'Exposition que désignera le Directeur, depuis le 1er mars jusqu'au 15 août 1875 ; après cette date il ne sera reçu aucun objet.

Les objets de la 4e section et du groupe spécial d'instruction publique seront admis jusqu'au 25 août 1875.

Les commissions étrangères nommées au Chili par leurs nationaux respectifs pourront inspecter l'ouverture des colis et la vérification de leur contenu. Quant aux exposants, qui préféreraient constituer des représentants tant pour la réception que pour l'extraction des objets à la fin de l'exposition, ils devront l'annoncer en temps opportun au Président.

Les objets exposés devront avoir une étiquette portant les indications suivantes :

Le nom de l'exposant.

Son domicile et adresse, le prix de l'objet s'il est destiné à la vente, et autres explications qu'on pourrait croire nécessaires.

Les frais d'installation dans les salons de l'Exposition seront au compte des exposants, qui devront se soumettre au plan général de distribution déterminé par la Commission Directrice ; mais ils n'auront absolument rien à payer pour l'espace qu'ils occuperont soit dans l'Exposition, soit dans ses dépendances.

La Commission Directrice prendra toutes les précautions nécessaires pour la conservation des objets exposés ; mais on ne pourra la faire responsable d'aucune perte.

Les exposants qui désirent montrer des machines en mouvement, devront dans leur demande d'admission détailler la nature, le but de ces machines et la force motrice dont ils ont besoin.

Les objets exposés ne pourront être copiés ni reproduits sous aucune forme sans l'autorisation expresse de l'exposant.

Les vues d'ensemble seront autorisées par la Commission Directrice.

Le Directeur général se réserve le droit de ne pas admettre ou de faire retirer de l'Exposition les produits qu'il considérerait comme préjudiciables ou périlleux pour l'Exposition.

SORTIE DES OBJETS

On ne pourra retirer aucun objet avant la fermeture de l'Exposition sans un permis spécial du Directeur Général.

Dans les deux mois qui suivront la clôture de l'Exposition, les exposants ou leurs agents devront retirer leurs produits et tous les objets qui auront servi à leur installation.

Tout ce qui n'aura pas été retiré par les exposants ou leurs représentants restera en dépôt à leurs risques et périls pendant six mois après la clôture de l'Exposition, après quoi, si l'on ne réclame, cela sera vendu à l'encan.

CATALOGUE

Sous la direction de la Commission, on publiera un Catalogue général qui énumérera tous les objets exposés.

Les exposants qui désirent y insérer des explications ou des dessins, pourront le faire en payant 10 centavos (50 centimes) par ligne d'impression et 50 centavos (2 francs 50) pour chaque dessin ; mais ils devront donner au Secrétaire général ces explications ou dessins au moins 30 jours avant l'ouverture de l'Exposition.

CONCESSIONS GÉNÉRALES

Les exposants qui prendront part à l'Exposition Internationalee du Chili de 1875 auront droit :

1° A la réduction de 50 % du transport sur le chemin de fer entre Valparaiso et Santiago et autres chemins de fer appartenant à l'État.

2° Libre entrée de tous les articles compris dans les sections I, II, IV et groupe spécial d'instruction.

Quant à ceux appartenant à la IIIe section, ils payeront les droits respectifs quand on les retirera de l'Exposition.

3° La Commission Directrice offre de contribuer pour une somme de 200 francs au passage de tout ouvrier spécial chargé de la conduite ou direction de machines ou industries en exercice à l'Exposition. Les ouvriers qui voudront jouir de cette allocation devront faire constater par un passe-port et un certificat du Consul du Chili résidant au port d'embarquement, qu'ils viennent au Chili pour l'objet indiqué.

PROGRAMME DES PRIX SPÉCIAUX

1° Un prix de 1,000 piastres (5,000 fr.) en espèces, matériel de chemin de fer, voie étroite, jusqu'à trois pieds, avec des locomotives tendues ; matériel fixe et mobile pour charge de 60 à 100 tonneaux, sur voies ayant une pente de 1 mètre sur 50, et des courbes de 50 mètres de rayon.

2° Un prix de 1,000 piastres (5,000 fr.) en espèces, décerné au meilleur système de mesurage et de distribution des eaux d'irrigation, à une quantité fixe ou proportionnelle, accompagné d'appareils et de démonstrations pratiques le rendant applicable aux besoins du pays.

3° Un prix de cinq cents piastres (2,500 fr.) en espèces, décerné au meilleur appareil de sondage pour la reconnaissance des mines, tels que mèches ou vis perforatrices pour reconnaître les couches de charbons de terre et autres matières analogues.

4° Un prix de cinq cents piastres (2,500 fr.) en espèces, décerné au meilleur traité dans lequel seront étudiés les besoins et l'état social de nos classes agricoles, et où les moyens les plus propres à l'amélioration de leur condition seront indiqués.

N. B. Jusqu'à ce jour on n'a pu fixer que les grands prix spéciaux dont la nomenclature précède. Une fois que la nature et la quantité des objets sur lesquels l'Exposition pourra compter seront connus, on fixera le nombre et la qualité des prix généraux.

RENSEIGNEMENTS DIVERS

1° L'Exposition procurera l'eau aux exposants ; elle donnera la force motrice aux machines qui par leurs conditions particulières n'auront pas besoin de moteurs spéciaux. Elle fournira également un générateur de vapeur. Les moteurs spéciaux seront aux frais des intéressés.

2° L'Exposition fournira le local nécessaire pour la conservation des caisses et autres articles d'emballage, mais les frais du placement, du classement et de la conservation desdits articles seront au compte des exposants ; il leur sera fourni le local convenablement préparé, mais tous les accessoires tels que vitrines spéciales, etc., seront au compte des intéressés.

3° L'Exposition aura ses gardiens, qui surveilleront avec soin, mais elle ne répondra pas des avaries qui pourraient survenir.

4° L'exposant devra payer les frais de l'assurance.

5° Les objets exposés seront classés par ordre de matières ; cependant si une nation se trouve en avoir présenté une quantité suffisante pour en constituer un groupe national, il lui sera accordé un emplacement à part.

6° Il a été convenu que des prix seraient apposés sur les objets exposés ; cette mesure, qui sera tant au bénéfice des exposants que des visiteurs, fournira à ceux-ci un moyen expéditif d'établir des points de comparaison et d'en tirer les conséquences convenant le mieux à leurs intérêts. De cette manière on pourra facilement tenir compte des variations du marché et modifier les prix en conséquence, en ayant soin toutefois d'apposer les nouveaux prix sur l'objet exposé, afin d'avoir toujours en évidence ce point de référence qui a été recherché au profit de tous.

7° L'Exposition s'ouvrira le 16 septembre 1875, et sera close le 21 décembre de la même année.

8° Les frais de transport de Valparaiso jusqu'au local de l'Exposition seront soumis à un rabais de 50 p. % sur les prix du tarif. Une égale réduction sera faite au retour pour les objets qui seraient réembarqués.

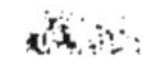

FORME POUR DEMANDE D'ADMISSION

A MONSIEUR FERNANDEZ RODELLA, CONSUL GÉNÉRAL DU CHILI, A PARIS
VICE-PRÉSIDENT DU COMITÉ EUROPÉEN

Monsieur,

*N. N. se propose d'exhiber à l'*EXPOSITION INTERNATIONALE DU CHILI DE 1875 *les objets suivants :*

(Suivent les noms des objets.)

Pour l'arrangement et l'installation convenable de ces produits, il faudra occuper dans les bâtiments de l'Exposition (ou dans le Parc) un espace de

.... *mètres horizontaux de largeur*

.... — — *longueur*

.... *mètres verticaux de largeur*

.... — — *longueur*

Je suis, Monsieur le Président, etc.

(Signature et raison sociale.)

LA DIRECTION.

RENSEIGNEMENTS STATISTIQUES

Il convient d'examiner le mouvement général de l'importation au Chili selon les documents officiels. En le divisant en deux grandes classes, nous aurons, d'une part, les articles de consommation ordinaire, de l'autre, les articles de consommation de luxe.

Ce travail de subdivision de tous les articles que le Chili reçoit de l'étranger, permettra aux industriels et aux négociants de faire une étude comparative de nature à les éclairer sur leurs intérêts.

Les importations des articles courants de consommation nécessaire comprennent onze sections; celles de consommation superflue, sept sections.

Les calculs du tantième pour cent correspondant à chacune d'elles et la consommation de chaque habitant ont pour base une population de 1,900,000 habitants.

La consommation nécessaire, au 1er janvier 1870, embrasse 82,1 pour 100, et la consommation superflue 17,9, ce qui donne une idée exacte des besoins de la population. Chaque habitant consomme pour 14 pesos 33 (fr. 71,75 c.) centavos de produits étrangers, dont 11,77 (fr. 59) appartenant à la première catégorie et 2,56 (fr. 12,80 c.) aux articles de luxe.

Les sections : alimentation, bâtiment, ameublement, vêtements, comprennent 58,5 pour 100 de la totalité ou 8 pesos 39 centavos par habitant.

La première classe comprend, avons-nous dit plus haut, les articles de consommation nécessaire, soit onze sections : 1 vêtements, 2 alimentation, 3 ameublement (et objets de ménage), 4 industrie en grand, 5 industrie en petit (des artisans), 6 matériaux à élaborer, 7 drogues, 8 sciences, lettres, morale et bienfaisance, 9 sécurité et bien public, 10 locomotion, 11 objets de change.

La deuxième classe, les articles de consommation superflue, embrasse sept sections : 1 vêtements de luxe, 2 comestibles et boissons, 3 tabacs, 4 jeux, 5 parfumerie, 6 meubles de luxe, 7 beaux-arts.

INDUSTRIE AGRICOLE

L'industrie agricole applique les forces de l'homme à l'exploitation de tout ce qui appartient au règne animal, végétal ou minéral.

A. Les agronomes, les cultivateurs et les éleveurs, les fabricants de moteurs, machines, appareils, charrues, instruments aratoires, pressoirs, appareils d'irrigation, ustensiles de fermes, de laiterie, etc., les négociants de produits agricoles, conserves, boissons, liqueurs, et les personnes qui s'occupent des habitations rurales, des constructions rustiques et tout ce qui se rattache à l'agriculture, à ses progrès, ont intérêt à s'occuper du Chili ; c'est un pays essentiellement agricole, et il conviendrait que les intéressés se préoccupassent davantage des articles suivants que nos établissements sont à même de fournir aussi avantageusement que les Anglais, les Allemands et même les Nord-Américains.

En fait de machines agricoles, voici ce qui pourrait être importé : 1° appareils à battre le blé, mus par la force animale, par des machines ou par la vapeur ; 2° moteurs fixes ou locomobiles à vapeur ; 3° machines à couper le blé ou le foin, ou pour les deux usages, mues par des bœufs ou par des chevaux ; 4° charrues perfectionnées de toutes espèces, simples ou doubles ; 5° herses en fer ou en bois de toutes formes ; 6° appareils de culture, quelles que soient leur forme ou leur dénomination ; 7° rouleaux pour briser les mottes de terre ou pour fouler le sol; 8° rateaux à égrener le maïs, à hacher le foin et la paille, à moudre les légumes, à presser les graines ou substances oléagineuses, ou à les broyer pour l'alimentation ; 9° machines à nettoyer et à séparer le blé en diverses classes de graines; 10° machines à vanner le blé foulé par les juments ; 11° moulins agricoles portatifs, simples ou doubles, mus par l'eau, la vapeur ou la force animale; 12° ustensiles de laiterie et pour la fabrication du beurre et des fromages; 13° appareils à comprimer le raisin; 14° pressoirs pour le raisin, fixes ou portatifs, appareils de distillation pour grains et liquides; 15° machines à enlever les troncs d'arbre et à essarter (défrîcher); 16° machines à battre et à peigner le chanvre et le lin ; 17° appareils d'irrigation tels que pompes, vannes en fer, etc. ; 18° machines et ustensiles pour filer et dévider la soie et calorifère pour féconder les œufs des vers à soie ; 19° ruches et tous les ustensiles relatifs à l'agriculture; 20° machines à scier le bois; 21° machines à presser le foin, la paille, la laine, le charqui (viande séchée du Chili), etc., etc. *Toutes les machines destinées à l'agriculture sont libres de droits d'entrée;* jusqu'en 1873, elles ont été importées par l'Angleterre, les États-Unis et la France; on a introduit, en 1870, 582 machines et instruments aratoires destinés à l'agriculture chilienne.

Le relevé des machines employées en agriculture dans les exploitations chiliennes était de 1,822 en 1869; il s'élevait à 2,126 en 1871.

B. Les établissements d'horticulture belges et français, et principalement ceux de Gand et d'Anvers, font des affaires avec le Chili; les horticulteurs à Santiago et à Valparaiso ont donné des preuves manifestes de leurs bonnes dispositions en envoyant en Belgique d'importantes commandes d'arbustes et de fleurs, mais ils appellent l'attention des fournisseurs sur l'époque d'envoi; les meilleures saisons sont les mois de mars et de novembre.

C. Cette section comprend également les produits des industries ayant pour objet principal l'extraction ou la production des matières brutes.

Machines d'extraction, d'épuisement, d'aérage et d'éclairage, tout ce qui concerne l'extraction et la préparation des combustibles mi néraux, houille, tourbes, le traitement des métaux, cuivre, fer, nickel, plomb, argent et or, la préparation des monnaies, l'extraction du sel marin, des nitrates, la transformation des matières minérales ou animales, etc., etc. Ces articles peuvent trouver un placement assuré au Chili et concourir avec succès pour les produits similaires de l'Angleterre, les seuls qui soient connus actuellement sur son marché.

INDUSTRIE MANUFACTURIÈRE

Voyons quels sont les produits de l'industrie manufacturière qui ont pour mission de faire subir aux matières premières les modifications appropriées à la satisfaction des besoins de la société chilienne.

Pour rendre cet exposé plus clair, on a divisé la classification industrielle en sept parties : 1 alimentation, 2 bâtiments, 3 ameublement, 4 vêtements, 5 fils et tissus, 6 produits minéraux (métaux usuels et métaux précieux), 7 produits des industries chimiques et céramiques.

1. *Alimentation.* — Parmi ces produits, nous devons citer avant tout le sucre ; la consommation du sucre est très-forte au Chili ; on a introduit, en 1870, 4,529,332 kilogrammes, d'une valeur de 744,798 pesos, de sucres blancs en poudre, concassés et en pains non raffinés, et 10,165,803 kilogrammes de sucres raffinés, d'une valeur de 2,050,385 pesos, soit pour une valeur de 2,795,183 pesos ou 13,975,915 francs. Les droits de douane sont de 25 pour 100.

Les importations principales viennent de France et de Hambourg. L'importation française fut en 1871 de 806,464.

A la fin de l'année 1873, les sucres étaient cotés comme suit, à Valparaiso, par arrobe[1] (ou $\frac{1}{4}$ du quintal de 46 kilogrammes, soit 11 $\frac{1}{2}$ kilogrammes).

Sucre du Pérou en pains			$ 2.50
—	—	blanc	2.62 $\frac{1}{2}$
—	—	brun	1.50
—	—	cassonade	1.18 à 1.25

[1] Voir plus loin les prix courants au marché de Valparaiso en 1874.

Sucre de Chine, blanc.	2.25
— de Pernambouc, blanc.	2.40
— de Havane.	2.50
— raffiné, américain.	3.00
— — hambourgeois	3.00
— — anglais.	2.62 ½ à 2.75
— — français.	2.56 ¼ 3.00
— — hollandais	2.62 ½ 2.75
— — belge.	2.50 2.70
— — péruvien.	2.50

Parmi les articles dérivés de la farine et autres produits agricoles, nous pouvons importer au Chili des farines de riz, des tapiocas, des sagous, des amidons, de la fécule de pomme de terre, des pâtes, des macaronis, vermicelles, etc., des galettes, des biscuits de mer pour la marine et pour l'armée. Au nombre de nos conserves d'aliments et condiments, le produit qui a obtenu le plus de succès est l'extrait de viande Liebig; nos fromages sont assurés du placement, mais dans de petites quantités ; les bières anglaises d'imitation également dans des barils ou en caisse contenant 2 ½ douzaines de bouteilles. Quant au vin, eaux-de-vie et liqueurs, il suffit de voir les chiffres de l'importation pour s'assurer d'un bon débit, surtout en vins de Champagne, en bordeaux et en cognacs.

Les provinces du sud et les bâtiments de commerce font une assez forte consommation de viandes et poissons séchés, fumés et saurés, de légumes, fruits et aliments divers confits dans le vinaigre, d'épices préparés, de salaisons de tous genres. On consomme beaucoup d'aliments préparés au cacao, le café, le thé et les produits de la confiserie. Tout ce qui a rapport à la fabrication de ces douceurs, appareils pour leur préparation et leur conservation, y trouvera un placement annuel mais restreint.

2. *Bâtiments*. — Nos industriels pourraient lutter avantageusement avec l'Allemagne et l'Angleterre pour les matériaux de construction : tels que marbres, ardoises, chaux, ciments, mortier et bétons, plâtres, toutes les poteries employées dans les constructions : briques, tuiles, tuyaux, etc., pour tous les outils de terrassement (pics, coins, etc.), et les outils, ustensiles et produits de la menui-

serie, de la maçonnerie, de la serrurerie. On a exécuté pendant les années 1870 à 1874 de grands travaux de terrassement, et tous les jours on construit des maisons nouvelles dont les proportions sont gigantesques; la menuiserie pourrait importer des portes et croisées, des volets et persiennes, des moulures; la marbrerie, des cheminées, consoles et dessus de table, livrés exclusivement par les Italiens jusqu'à ces dernières années; la serrurerie, des toitures, des supports, des fermetures de portes et de fenêtres, des grillages, des devantures de boutique, des vitrages, etc.; enfin l'industrie du bâtiment commence à employer de grandes quantités d'asphaltes, de mastics bitumineux et de bétons.

Nous devons parler ici du matériel des routes et chemins de fer et de tout ce qui concerne la navigation maritime et fluviale.

Les ouvrages pour la solidité des terrains des magasins fiscaux de Valparaiso viennent d'être terminés. Le gouvernement chilien a résolu de faire un contrat par le moyen d'une adjudication publique pour terminer ces magasins et les bâtiments du Congrès national à Santiago. Aussitôt que les plans et devis de ces deux grands travaux furent terminés, on demanda des offres pour leur exécution. Un ingénieur spécial du gouvernement dirige la construction des magasins fiscaux et s'occupe actuellement de revoir les plans et devis des quais dont Valparaiso, le port principal de la république et du Sud-Pacifique, a un si grand besoin. Le coût des travaux s'élèvera approximativement à 2,600,000 pesos (13 millions de francs).

Chemin de fer de San Felipe à Santa Rosa des Andes, adjugé le 15 novembre, ouvert le 12 février 1874, celui de Curico à Chillan et celui de Chillan à la ligne du Malleco.

Outre ces travaux, il est question d'entreprendre de grandes constructions maritimes dans les rades et ports de la république. Des plans de bassins de radoub, de magasins, de docks et entrepôts, de docks flottants ont été soumis aux négociants de Valparaiso; des compagnies à vapeur pour transports par mer et par rivière se sont formées, et la ligne de Santiago à Valparaiso réclame une augmentation considérable de son matériel mobile.

3. *Ameublement.* — Les mines et l'agriculture ont accru considérablement la richesse des familles au Chili; de là, augmentation de bien-être et perfectionnement du goût.

Le mobilier des maisons nouvelles que l'on construit au Chili, varie considérablement ; le prix s'élève de 3,000 à 125,000 francs ; plusieurs magasins se sont ouverts récemment à Valparaiso et à Santiago, où l'on rencontre des meubles de toute sorte, des objets de décoration, d'ameublement en bois et en matières moulées. Le goût dominant actuellement dans les salons se porte principalement sur les meubles dorés ; ceux en marqueterie, d'ivoire, d'écaille, incrustés de cuivre ou d'autres métaux ne conviennent pas au climat du Chili ; ils se fendent en peu de temps. Les meubles sculptés ne doivent être exécutés que sur commande.

La majeure partie des ouvrages de vannerie vient des États-Unis ; nous pourrions cependant fournir plusieurs objets d'ameublement en roseaux, paille, plume ou crin ; les nattes sont faites dans le pays même ou viennent en ligne directe de la Chine.

La plus grande partie du matériel de la tapisserie est importée d'Allemagne, de France et d'Angleterre ; on fabrique cependant au Chili des objets de literie, des matelas, coussins, sangles, ainsi que des canapés, divans, banquettes, chaises, tabourets, etc.

La Belgique fournit plus de la moité des papiers peints qui se consomment dans le pays, bien qu'elle ne figure dans les tableaux statistiques que pour la septième partie ; des importations se font surtout par des navires du Havre et de Bordeaux.

Les tapis font partie des objets d'ameublement ; on en a importé, année moyenne, pour 1,500,000 francs. Les tapis de poil de chèvre des manufactures de Bruxelles, de Tournay et de la province d'Anvers pourraient étendre leur marché au Chili. On appelle l'attention des fabricants de tapis sur la confection des petits tapis d'église, petits tapis de 1 mètre à 1,50 carré, garnis de franges, que les femmes emploient dans les églises, l'usage des chaises y étant fort peu répandu.

Les tapis les plus recherchés sont encore aujourd'hui ceux avec fonds verts et rouges et de dessins de couleurs vives. Les droits sont de 25 p. 100 ; l'importation a été, en 1870, de 53,149 pesos.

Les ouvrages d'ébénisterie et de tapisserie pour décoration de cabines de bateaux à vapeur, de navires, de voitures, conviendraient également au marché et sont à citer dans cette section spéciale consacrée à l'ameublement.

4. Vêtements. — De nombreux ateliers se sont élevés en 1870 et en 1871 pour la confection des articles de vêtements, grâce à la pénurie des importations pendant la guerre franco-allemande. Toutefois, le matériel employé dans la confection, en articles de modes et de fantaisie, est encore importé complétement d'Europe et principalement de France, d'Angleterre, d'Allemagne.

Parmi les ouvrages en cheveux, parures en plumes et en perles, fleurs artificielles, on peut importer au Chili des perruques postiches, des plumes pour chapeaux d'uniforme, des panaches, des plumets, des aigrettes, des résilles, des bracelets, des colliers, des boucles d'oreilles (les couleurs bleue, rouge et verte sont préférées) ; enfin toutes les fleurs artificielles pour la parure.

Celui des cannes, des parapluies, des écrans, des éventails est peu considérable ; parmi ces derniers, les éventails montés et ceux lithographiés sont les plus demandés ; les parapluies sont recherchés par les provinces du sud seulement ; ils viennent de France, d'Allemagne et d'Angleterre.

La consommation est constante pour les tabatières et pipes, peignes et brosses fines, petits objets de tabletterie en bois, en ivoire et en écaille, les petits meubles, coffrets, nécessaires de voyage, caves à liqueurs et à parfums, boîtes à thé, à gants, à ouvrage, à jeux, les articles de bureau, les encriers en tous genres, les petits meubles de fantaisie.

Parmi les objets de gaînerie, les nécessaires de voyage, les portefeuilles de poche, carnets, buvards-albums, les porte-monnaie et les porte-cigarres, les trousses, les petits coffres cuir de Russie.

Parmi les papiers façonnés et cartonnages, les images de sainteté, les papiers-dentelles, les abat-jour, les enveloppes, les papiers à lettre façonnés. les cartes de visite ou d'adresse en blanc, de petits cadres pour miroiterie commune, des boîtes de bimbeloterie pour fruits confits et bonbons, sacs et enveloppes de bonbons, etc.

Les objets de bimbeloterie commune en bois, en carton, en papier, les jouets de bois, de carton, de papier, voitures, chevaux, animaux, petits meubles, chalets, cerfs-volants, jeux de patience, soldats de plomb, tambours, fusils, sabres, flèches, enfin tous les jouets d'enfants pour jeux et divertissements sont fournis en majeure partie par les Allemands et les Américains du Nord.

Les droits d'entrée de tous ces objets s'élèvent à 25 p. 100.

5. *Fils et tissus.* — Jusqu'à ce jour, le matériel des manufactures de tissus introduit au Chili n'a pu être considérable; puisqu'il n'y a que quelques établissements qui valent réellement la peine d'être cités; par exemple, à Valparaiso la fabrique de cotonnades de MM. Ketel et Cie.; à Limache, la corderie et la filature de lin et de chanvre; à Tomé, la fabrique de draps, et à Santiago, la filature de la soie. Quelques machines pour la préparation de la filature de la laine ont été commandées dernièrement en Belgique dans l'arrondissement de Verviers, dont quelques ouvriers sont arrivés en 1871 à Tomé; ils sont une douzaine.

Les seules machines qui soient assurées d'une vente au Chili, actuellement, sont celles pour la préparation du lin et du chanvre, les machines perfectionnées pour la corderie et celles pour la préparation et la filature de la soie.

Jusqu'à ce jour, c'est exclusivement l'Angleterre qui a fourni le marché pour tout ce qui concerne les machines de mécanique industrielle.

Mais si le matériel des fils et des tissus ne trouve point un fort débouché sur les marchés du Pacifique, il n'en est pas de même des produits manufacturés, qui obtiennent au Chili un précieux et immense débouché, eu égard au nombre de ses habitants civilisés (2,000,000).

Tissus de coton. — La consommation des cotonnades a diminué depuis 1866 et a été remplacée par celle des tissus de coton mélangés de lin et de laine; cependant on veut encore beaucoup de tissus de coton pur unis, tels que calicots proprement dits, madapolams, percales, des toiles à voiles, des calicots croisés, coutils et drilles, des tissus de coton pur façonnés pour le vêtement et l'ameublement, le linge de table et de toilette ouvré et damassé, des tissus de coton pur pour usages spéciaux, couvertures et courtes-pointes, articles de literie et pour doublures, robes, langes d'enfants, etc.

Parmi les tissus de coton pur légers, le marché consomme des jaconas, mousselines, tulles, des mouchoirs de poche, des tarlatanes et des mousselines brodées, des cotonnades fabriquées avec des fils de couleur, tels que mouchoirs de poche et de cou, des cravates, (articles suisses), des toiles à matelas, des étoffes à pantalons, des coutils pour tenture servant à se préserver des ardeurs du soleil.

Tissus de laine. — Cette industrie a toujours trouvé sur les marchés du Pacifique des débouchés importants ; toutefois on doit faire remarquer que ses produits étaient tombés en défaveur, les Allemands ayant fait de grands efforts pour établir la concurrence ; des employés et souvent même les fils des propriétaires des grands établissements allemands sont venus chercher depuis trois années déjà le moyen de s'emparer de ce marché.

Parmi les tissus de laine cardée, foulés, nous maintiendrons le monopole pour les draps croisés, casimirs et castors pour vêtements d'été et d'hiver, de même que pour les draps façonnés. Les tissus de laine, marchandise courante, principalement les étoffes à pantalons, pourront conserver la préférence au Chili, grâce à la bonne fabrication et au prix avantageux des étoffes. Les draps légers, zéphirs de couleur, des moscowas et plusieurs étoffes façonnées attirent également l'attention des acheteurs.

A côté de la draperie, nous avons, pour l'industrie textile de la laine, les châles qui ont une grande concurrence à soutenir avec les produits nationaux des Berlinois qui réussissent admirablement les châles. J'ai vu des articles de Berlin, similaires des nôtres, meilleur marché et très-réussis, tels que châles casimir, flanelle, et autres tissus de laine cardée purs ou mélangés, blancs, teints ou imprimés, des châles de fantaisie ou de nouveauté, les tartans écossais de laine pure ou mélangée. Les châles de cachemire se portent fort peu.

Parmi les tissus de laine cardée, nous pouvons fournir des couvertures pour la literie, pour les chevaux, des flanelles de santé et autres pour manteaux, des satins et casimirs ; parmi ceux de laine peignée, des mousselines à carreaux ou mieux unies, des mérinos simples, des tissus pour robes et pour gilets ; au nombre des tissus de laine peignée ou cardée, avec mélange de coton ou de fil, je citerai les orléans, paramatas, Thibets, qui forment une certaine part des besoins de la consommation des provinces du sud.

Les étoffes pour gilets, cachemires, satins, baréges, popelines, foulards, les étoffes unies ou damassées avec mélange de soie et de coton, sont également recherchées, de même que les tissus de poils d'alpaca, de lama ou de guanaco, purs ou mélangés, teints ou imprimés, et les tissus de poils de vigogne et de chèvre purs ou mélangés.

Il reste à citer les tissus de laine peignée ou cardée, purs ou mélangés, imprimés, parmi lesquels il y a à mentionner les mérinos, les mousselines, les flanelles, les tartans et surtout les lastings qui sont importés d'Angleterre et de France.

Fils et tissus de lin et de chanvre. — Le Chili produit d'excellent chanvre et du lin de toute beauté qui pourraient fournir de la bonne matière première à cette industrie.

Les toiles à voiles et grosses toiles de lin et de chanvre sont importées par la France et l'Angleterre.

On consomme de grandes quantités de toiles pour sacs. Les qualités solides des toiles flamandes et brabançonnes leur assureront toujours des débouchés dans les contrées transatlantiques : les toiles fines pour chemises et draps, les coutils, drilles et satins pour pantalons, ceux rayés ou à carreaux pour objets de literie ou tentures ne craignent pas la concurrence; ils doivent toutefois être surveillés. Il en est de même pour les batistes, linons en pièces, écrus, blancs, teints ou imprimés; pour les toiles ouvrées ou damassées pour linge de table ou de toilette, pures ou mélangées avec de la soie et du coton.

Tissus de soie. — C'est la France qui possède actuellement le monopole de l'importation des soieries au Chili ; elle le doit à la beauté incomparable de ses tissus, au bon goût de ses dessins et des nuances.

MATÉRIEL DE CHEMINS DE FER

Jusqu'à présent ce qui a été introduit au pays est anglais ou américain selon que les ingénieurs ou les entrepreneurs à forfait avaient des prédilections pour l'une ou l'autre provenance.

L'exploitation des chemins de fer existant aujourd'hui demande une quantité assez considérable de matériel.

En général les voies ferrées n'offrent au Chili pas de grandes difficultés à vaincre, au moins en ce qui concerne les courbes et pentes des grandes lignes.

Celle de Valparaiso à Santiago, la plus accidentée, a un maximum de pentes et rampes de 2,25 pour 100 et un rayon minimum de 180 mètres de courbe à la côte du Tabon.

Les wagons pour voyageurs sont indifféremment d'un système ou d'un autre ; on y trouve des wagons français. d'autres allemands (système Centralbahn).

Ceux de troisième classe sont sans vitrage, c'est-à-dire ouverts, le peu de rigueur de la température rendant le chauffage inutile.

Depuis quelque temps on a commencé l'essai de chemins de fer à voie étroite (3 1/2 pieds anglais, 1m 067, ou, suivant le programme, 3 pieds (soit 0m 914), pour l'exploitation des mines de cuivre et d'argent si abondantes au Chili.

Dans ces nouvelles voies, le problème à résoudre, c'est l'économie dans la construction et les frais de matériel.

De la ligne principale, qui a généralement 3 pour 100 et 180-200 mètres de rayon, partent souvent des embranchements pour aller aux différentes mines, avec 5 1/2 pour 100 de pentes et rampes, et 30 mètres de rayon dans les courbes.

Souvent il est impossible d'éviter cet écueil par les grands frais qu'occasionnerait une autre construction. Ces voies, établies pour la plupart dans le désert, ou des contrées dénuées d'eau à leur point d'arrivée, les locomotives doivent naturellement emporter pour leur voyage l'eau et le combustible nécessaires à l'aller et au retour, un trajet de 75 kilomètres par exemple, sans se ravitailler.

Il est vrai aussi que le retour est toujours à la descente, c'est-à-dire avec peu ou point de vapeur; par contre, le travail de répartition dans les divers embranchements que peut avoir la ligne principale fait dépenser de la vapeur et de l'eau.

Les wagons peuvent être petits, ou mixtes pour environ 40 personnes. Dans ce dernier cas, un tiers des places doit être affecté aux premières classes et le restant aux secondes.

La partie du matériel la plus importante, c'est le wagon de charge, qui pour les mines est plat, afin de transporter le minerai concassé.

La charge pour les mines, y compris l'eau, est à celle de retour comme 1 est à 3; aussi les wagons montent-ils la plupart vides.

Conditions requises pour ces wagons: légèreté et solidité. Si le wagon vide pèse 1400 kilos, le même chargé serait de 5000 kilos, plus ou moins, c'est-à-dire chargeant 3600 kilos de minerai. Des wagons de ce genre coûtent ici environ $ 350.

Rails. — Ceux d'acier peuvent peser au plus 14 kilos, par mètre courant.

Au chemin de fer de Chañaral (voie étroite), par exemple, les rails de fer pèsent 17 kilos 80 par mètres, les locomotives ont un poids de 14 tonneaux métriques sans eau ni charbon, $0^m\,305 \times 0^m\,432$ de cylindre, 6 roues de 0^m914 de diamètre.

Le réservoir d'eau mesure 600 gallons (2730 litres), mais l'expérience a démontré que c'était peu pour 40 kilomètres, de 1 1/2 à 3 pour 100 de montée constante, et avec 460 kilos de charbon.

MATÉRIEL DESTINÉ A L'EXPLOITATION DES MINES

ET A L'ÉLABORATION DES MÉTAUX

Une machine doit attirer en ce moment l'attention des ingénieurs, c'est la machine à perforer la pierre, laquelle trouverait son emploi ici pour reconnaissances dans les mines, soit en galeries, soit en puits.

Les machines à vapeur travaillant aux mines doivent être munies en général, d'un appareil à condenser la vapeur, l'eau étant rare et chère, vu que presque toujours dans les districts métallurgiques elle fait défaut aussi bien que le combustible (charbon ou bois).

Ces deux articles de première nécessité y sont apportés parfois à de grandes distances.

Les cas ne sont rien moins que fréquents sur le littoral nord de Valparaiso, où l'eau employée à 15 et 20 lieues dans l'intérieur, provient d'eau de mer distillée dans le port, pour être expédiée au désert à dos de mulet.

PRIX COURANT DES MARCHANDISES

SUR LE MARCHÉ DE VALPARAISO[1]

Les tableaux suivants montrent le prix courant de toutes les marchandises principales qui se vendent sur le marché de Valparaiso à la date du 1er janvier 1874.

Cette nomenclature est divisée de la manière suivante :

1° PRODUITS ÉTRANGERS

Cotonnades. — Calicots ordinaires et blancs, coutils, tissus mélangés, coutils pour matelas, flanelles, indiennes, mousselines, étoffes diverses mélangées, fils, bas, mouchoirs de poche, châles, etc.

Lin, toiles, coutils, fils, canevas.

Lainages. — Layettes, tapis, draps mélangés, laine à broder, etc.

Sacs. — Toiles diverses pour sacs et sacs confectionnés.

Métaux. — Aciers et fers, clous à la main et à la mécanique, marteaux, outils, fer-blanc, plomb, mercure, zinc en feuilles, etc.

Comestibles. — Riz divers, sucres en pains, bruns, blancs, cassonade, etc.

Articles divers. — Bougies, briques, charbons, bois de construction, cire, cirages, ciment, cordages, douves, papiers, peintures, savons, verres à vitre et cristallerie, etc.

2° PRODUITS DU PAYS

Cette liste comprend tous les produits du Chili qui font l'objet d'un commerce suivi sur la place de Valparaiso.

[1] Les prix courants sont traduits du *Precio Corriente del Mercurio*, rédigé par Manuel Riso Patron, agent commercial, et édité par MM. Letellier et Tornero (prix annuel : 6 piastres).

MARCHANDISES	UNITÉS	PRIX de	PRIX à
COTONNADES			
CALICOT ORDINAIRE			
Américains 28 ½ pouces.	yard 0.91	$ 0.09	0.10½
» 36 »	»	0.12½	0.13
Anglais 24.25 »	»	0.06½	0.07½
» 28.29 »	»	0.07	0.09
» 32.33 »	»	0.09	0.12
» 36.37 »	»	0.10	0.13
» croisé »	»	0.11	0.15
CALICOT BLANC			
Fins H 36 pouces.	yard		0.15½
C D F 36 »	»		0.11½
C D A 36 »	»		0.09¾
C D D 32 »	»		0.08¾
C D C 30 »	»		0.08
C D B 28 »	»		0.07½
COUTILS			
Écrus, américains.	yard	0.15	0.15½
» anglais, etc.	»	0.11	0.11
Blancs, américains.	»	0.16	0 16½
» anglais.	»	0.16	0.14
Bleus, américains.	»	0.18½	0.19
» anglais.	»	0.12	0 15
MÊLÉS (TISSUS RAYÉS)			
Américains (bleus et blancs). . . .	yard	0.15	0.16
Anglais.	»	0.08½	0.15½
COUTILS POUR MATELAS			
Américains.	yard	0.15	1.22
Anglais.	»	0.08	0.12
Avec rayures, américains. . . .	»	0.15	0.17
» anglais.	»	0.08	0.10
FLANELLE			
Américaine blanche.	yard	0.14	0.20
Anglaise »	»	0.13	0.18
Américaine, écrue.	»	0.14	0.20
Anglaise »	»	0.13	0.18

MARCHANDISES	UNITÉS	PRIX de	PRIX à
INDIENNES ET PERCALES			
Pour robes. Couleurs fermes. 14 × 14	mètre	$ 0.11	0.11½
Pour robes. Couleurs fermes. 15 × 15	mètre	0.12	0.13
» » . . . . . 16 × 16	»	0.12	0.14
» » . . . . . 17 × 17	»	0.13	0.15
» » . . . . . 17 × 20	»	0.15	0.17
Deuil-noires. . . . . . . 17 × 17	»	0.12	0 13
Pour chemises. Couleurs fermes. 15 × 15	»	0.11	0.14
» » . . . . . 16 × 16	»	0.11	0.14
» » . . . . . 17 × 17	»	0.13	0.15
» » . . . . . 17 × 20	»	0.15½	0.17½
MOUSSELINES			
De couleurs, ordinaires.	mètre		0.08
» fines.	»		0.10
Coupons, de 8 à 10 yards.	pièce	0.90	1.20
ÉTOFFES MÉLANGÉES			
Doublure, noire ou grise.	pièce	2.	2.25
Cocos, roses.	»	2.25	2.75
Cocos, couleurs assorties..	»	2.	2.50
» » gauffrés.. .	yard	0.09	0.13
Tissus pour pantalons, marque *Corona*.	mètre		0.17
Velours de coton.	yard	0.29	0.30
Cotonnine (toiles à voiles).	»		0.80
Coton, mèches de lampe..	46 kilos	36.	45.
Chemises pour mineurs.	douzaines	5.	7.
FIL			
Blanc, en pelottes 20/100.	0.46		0.40
» » 80/120.	»		0.55
» en bobines métalliq. 80 yards	grosse	1.60	2.
» » de bois, 100 »	»		2.
» » » 200 »	»		5.
» » » 300 »	»		6.
De couleur, en pelotte N.° 30. . .	0.46		0.55
BAS			
Pour hommes, blancs, fins.	douzaines	4.	5.
» réguliers.	»	1.25	1.50

MARCHANDISES	UNITÉS	PRIX de	à
Pour hommes, écrus.	douzaines	$	1.50
Pour femmes, blancs fins.	»	3.	1.75
» réguliers.	»	1.25	1.30
» communes.	»	0.75	4.
MOUCHOIRS DE POCHE			
Dessins assortis 7/8.	»	0.75	1.12
Imitation de soie 4/4.	»	1.25	1.50
Fond blanc.	»	0.75	1.
Fond ponceaux..	»	0.75	1.
A carrés ponceaux.	»	1.	1.12½
CHALES			
Tartan de laine.	»	16.	
» de coton.	»	6.	8.
Châles longs..	pièce	4.	6.
» de soie..	»	6.	8.
LINS			
Toiles de 82 pouces.	mètre	0.75	1.
» de 100 »	»	1.	1.12½
» imitation de Russie, écrue. .	pièce		6
» » blanche.	»		6.50
» anglaises, fines (irlandaises).	»	2.40	3.
» régulières (bon courant). . .	»	1.25	2.50
» à matelas.	yard	—	
Coutils, blancs,.	»	0.20	0.37½
» de couleurs.	»	0.16	0.35
Toiles à voile N.° 1.	pièce	9.50	10.50
» blanchies.	»	8.50	11.
Fil pour coudre les voiles.	0.46	0.30	0.37
LAINAGES			
BAYETTES (BAIZES)			
Marque Rawson y Edwards.	—		—
Large, à longs poils N° 1.	yard		—
» (pelon) N° 2.	»		1.
» » N° 3.	»		—
» à cent fils.	pièce		58.
» à deux frises.	»		40.
Faxuela, large (de toute couleur). .	»		45.
Faxuela, étroite (de toute couleur).	»		40.

MARCHANDISES	UNITÉS	PRIX de	PRIX à
TAPIS			
Bruxelles.	yard	$	1.50
A poils ras.	mètre		2.25
Frisés.	»		0.87½
Kiddermister ordinaire.	»		0.50
» tout laine.	»		0.75
» impérial.	»		1.
MÉLANGÉS			
Drap de l'Etoile (pour les Indiens). .	»		0.62½
Lastings.	»		0.45
Etamine à pavillons, 18 pouces. . .	»		0.18
» 30 » . . .	»		0.20
Mousseline de laine.	»		0.10
» en coupons..	coupon		1.25
Laine à broder.	livre		1.25
SACS ET TOILES A SACS			
Sacs, gros de 1 fanègue (0,97 hect.)	pièce		0.34
» croisés » (0,97 hect.)	»		0.36
» ordinaires..	»		0.16
» grands des Indes.	»	0.20½	0.22
» moyens »	»	0.19	0.21
Toile à sac, chanvre, 40 pouces. . .	yard 0.96	0.10	0.12
» Osnabrug ou Hessians étroites..	»	0.13	0.15
» de coton d'Amérique.	»	0.18	0.19
» de jute..	»	0.14	0.16
Sacs pour métaux.	»	0.28	0.30
MÉTAUX			
Acier de Milan..	qtl 0.46 k.		11.
» de Suède.	»		7.50
Mercure.	»		120.
Clous, coupés.	»		6.
» fer battus, assortis.	»	4.50	5.
» à ferrer..	»		16.
Clous de métaux assortis (pointes). .	qtl 0.46 k.	28.	30.
Cuivre en feuilles.	»		40.
» » pour doublage. .	»	22.	25.
Marteaux pour mineurs.	»	6.	6.50
Fer cannelé galvanisé (tôle). . . .	100 kilos	6.50	7.50
Fers anglais assortis.	»	11.50	18.

MARCHANDISES	UNITÉS	PRIX de	à
Fers anglais en feuilles (tôles). . .	100 kilg.	$ 12.	13.
» feuillard pour barriques. . . .	»	12.50	13.
» de Biscaye.	»	14.50	15.
» brut, en barres.	1012 kilg.	—	
Fer blanc.	caisse	9.50	10.50
Plomb de chasse assortis.	qtl 0.46 k.	7.50	8.50
Plomb en barres.	»	5	5.50
Plomb en feuilles (rouleaux). . . .	»		8.50
Zinc en feuilles.	»	9.50	10.
COMESTIBLES			
RIZ			
Caroline.	46 kilos	—	
Indes, blanc.	»		4.
» inférieur.	»		3.50
Lambayèque, marque Solf.	»		13.
SUCRES			
Pérou, en pains.	a 11 ½ kil.	—	
» blanc.	»		2.62
» brun.	»	1.50	1.62½
» cassonade.	»	1.50	1.62½
Chine, blanc.	»	—	
Pernambouc, »	»		2.55½
Havane, »	»	—	
Américain, raffiné.	»		2.62½
Hambourgeois »	»		2.75
Anglais.	»	2.62½	2.75
Français.	»	2.62½	2.75
Hollandais et Belge.	»		2.56½
Péruvien.	»	—	
ARTICLES DIVERS			
CHARBON			
Anglais pour la fonte.	1012 kilg.		15.
Anglais pour vapeur.	1012 kilg.		15.
Du Chili à Lota.	»	8.	7.
» » Puchoco.	»	8.	7.
» » Coronel.	»	8.	7.
BOIS			
Sapin d'Amérique assorti.	1000 pièc.		39.
» de la Californie.	»	35.	42.
» » Baltique.	»	50.	55.

4

MARCHANDISES	UNITÉS	PRIX de	à
DIVERS			
Goudron de Suède.	barril	$	6.50
Safran espagnol.	46 kilos		—
Indigo de Guatemala, 7, 8 y 9. . .	quintal	1.75	2.
Bouteilles, vertes et noires. . . .	douzaine		0.65
Brai.	barril	5	6.
Cirages, en caisse.	grosse	4.50	5.
Seaux américains.	douzaine		3.75
Cire blanche de Havane.	quintal	45.	55.
» inférieure.	»	25.	30.
» végétale.	»		20.
Ciment romain.	barril	4.	5.
Bouchons en liége.	1000 pièc.	1.75	3.50
Fusées de Chine, artifice.	caisse		1.75
Perles, nacres, écailles.	46 kilos		3.
Cuirs du C. d'Amérique.	quintal	15.	15.50
Roseaux de Guayaquil, bambou. . .	pièces		0.90
Douves.	1000		270.
Nattes des Indes.	mètre	0.25	0.27
Balais américains.	douzaine		3.
Etain à Arica.	quintal		24.
Etoupes.	»		5.
Mèches pour mines 30 à 40 livres le quintal.	rouleau	7.	8.
Cordages de Russie.	quintal	18.	20.
» » Manille.	»	13.	20.
Savons de Marseille.	»	9.	10.
» nord-américain.	caisse	1.37½	1.50
» anglais.	quintal		9.
» de Mendoza.	»		10.
» de Paris et Bruxelles. . . .	»		10.
Briques réfractaires.	1000		45.
Poterie et faïences assorties. . . .	java	20.	22.
Papier florette de Gênes.	rame	1.	1.06
Papier florette d'Espagne.	rame		4.
» ministre.	»	1.	1.12
» lettre.	»	0.87½	1.25
» pour cigarettes.	»	2.37½	2.50
» d'impression.	»	4.	5.
» d'emballage.	»	0.62	0.75
Bois de Nicaragua.	quintal		—
Peintures blanche.	»	6.	10.

MARCHANDISES	UNITÉS	PRIX de	PRIX à
Peinture noire	quintal	$	6.
» de couleur	»		6.
Poudre de mines	»		12.
» fine en flacons	0.46		0.40
Résine	barril		7.
Sel de soude	quintal	7.	7.50
Soude caustique	»	11.50	12.50
Suif fondu	»		12.15
Salpètre à Iquique et à d'autres ports du Pérou 95 à 96 %	96 %	1.85	1.95
Chapeaux paille à larges bords	douzaine	30.	31.
» bords ordinaires	»		4.25
» paille ordinaire	»		3.25
» de pailles grossières du Pérou	»	2.12	2.75
Tabac Havane	quintal		50.
» Virginie	»		35.
» Colombie	»		25.
» à mâcher	»		58.
Bougies sperme	lv. 0.46 gr.		0.45
» stéarine	»	0.18	0.20
» de suif	»		0.18
» de parafine	»	0.35	0.40
Cristallerie ordinaire	douzaine	0.70	0.80
Verres à vitres belges	caisse	5.	5.50
Sabots de cuir et bois, anglais	douzaine	12.	14.
» » américain	»	9.	12.

SYSTÈME MONÉTAIRE DU CHILI

(LOI DU 9 JANVIER 1851)

Article premier. — Il y aura trois classes de monnaies d'or appelées condor, doblon et escudo, au titre de neuf dixièmes de fin.

Le *condor* aura le poids de trois cent cinq grains, cinq cent quarante millièmes, soit quinze grammes deux cent cinquante-trois milligrammes, et équivaudra à dix piastres d'argent.

Le poids du *doblon* sera de cent cinquante-deux grains sept cent soixante-dix millièmes, et équivaudra à cinq piastres d'argent.

L'*escudo* pèsera soixante et onze grains et cent huit millièmes, et équivaudra à deux piastres d'argent.

Art. 2. — Il y aura cinq classes de monnaie d'argent, au titre de neuf dixièmes de fin, savoir :

La *piastre* (peso), qui pèsera cinq cents grains soixante-dix-huit millièmes, soit vingt-cinq grammes, et se divisera en cent *centavos*.

La pièce de *cinquante centavos* pèsera deux cent cinquante grains trois cent quatre-vingt-quatre millièmes.

La pièce de *vingt centavos* aura le poids de cent grains cent cinquante-trois millièmes.

Celle de *dix centavos* pèsera cinquante grains et soixante-seize millièmes.

Celle de *cinq centavos* pèsera vingt-cinq grains trente-huit millièmes.

Art. 3. — Il y aura deux classes de monnaie de cuivre, sous le nom de centavos et demi-centavos, en cuivre pur, sans mélange d'aucun autre métal.

Le *centavo* aura le poids de *dix grammes* ou deux cents grains et trois cent sept millièmes, et cent centavos formeront une piastre. Le demi-centavo sera dans la même proportion.

Art. 4. — Est abrogée la loi du 21 novembre 1838 qui fixait la valeur des piastres fortes, et les autres lois ou ordonnances contraires à la présente.

Art. 5. — Le président de la république est autorisé à mettre en circulation une quantité plus ou moins forte de monnaies d'or ou d'argent, eu égard aux résultats que l'on obtiendra des nouvelles machines qui vont être établies à l'Hôtel des monnaies à Santiago ; à faire les changements nécessaires au type actuel des monnaies, en exécution de la loi nouvelle; à fixer la quantité proportionnelle de monnaie de cuivre, qui sera légalement admissible dans les payements, et à prendre les mesures convenables pour arriver à l'accomplissement de la loi et à l'uniformité des monnaies en circulation.

Le Congrès national ayant discuté et approuvé la présente loi, le conseil d'État entendu, j'ordonne qu'elle soit publiée et exécutée.

(*Signé*) Manuel Bulnes.

Jerónimo Urmeneta.

La nouvelle monnaie de nickel, cuivre et zinc, conformément à la loi du 25 octobre 1870, a été livrée à la circulation au mois d'août 1871. Les pièces de 2 centavos, 1 centavo et ½ centavo ont 25, 21 et 19 millimètres ; un poids de 7, 5 et 3 grammes sera une tolérance dans le poids de 1,5 pour 100, dans le titre de 3 pour 100. La composition est 70 pour 100 de cuivre, 20 pour 100 de nickel et 10 p. 100 de zinc.

NOTES COMMERCIALES

Poids et mesures en usage au Chili.

Le système métrique français.

L'ancien quintal équivalait à 46 kilos.

Aujourd'hui on compte par quintal métrique de 100 kilos.

Monnaies.

La piastre d'argent du poids de 25 grammes au neuf dixièmes fin et divisée en cent centavos, est la base du système monétaire chilien.

Au change sur l'Europe, la piastre vaut plus ou moins

francs. 4,75 sur Paris. . } 90 jours de vue.
deniers 45 sur Londres }

TABLEAUX

INDIQUANT LA LISTE DES ARTICLES PAYANT 15 ET 10 0/0 DE DROITS D'ENTRÉE

CEUX SOUMIS A UN DROIT SPÉCIFIQUE

ET LES ARTICLES LIBRES DE TOUS DROITS DE DOUANE

1° ARTICLES PAYANT 15 0/0 DE DROITS D'ENTRÉE

Acier fondu, brut, non travaillé.
Affiloirs pour bouchers.
Aiguilles à coudre les balles et les voiles.
Alènes de cordonniers.
Appareils de photographie.
Ardoises pour toitures.
Auges en fer pour l'usage des mines.
Balances pour opérations chimiques ou essais.
Barres de fer pointus (piques, leviers.
Bois de construction et d'ébénisterie non ouvré.
Bois de teinture.
Bouchons et tampons pour flacons ou bouteilles.
Bouteilles de verre ou de terre pour contenir les liqueurs et autres boissons.
Brosses pour blanchir et peindre.
Brosses pour le goudron.
Brosses manche pour étendre le goudron.
Brouettes à bras pour travailleurs.
Capsules de métal pour bouteilles.
Cercles Salomoniques (cercles en bois pour les grandes vergues).
Chaînes en fer dont la maille n'excède pas 13 millimètres de diamètre.
Charrettes et chariots.
Charrues.
Ciment romain ou de Portland.
Ciseaux.
Ciseaux de charpentier dits Becdanes.
Ciseaux de menuisier.
Ciseaux à tondre et ciseaux à vis pour tailleurs.
Clefs en fer pour boulons, écrous.
Compas pour charpentiers et tonneliers.
Compositions de musique imprimée ou manuscrite.
Cordages de toute classes, inclus ceux en fil de fer.
Cordeaux de charpentiers.
Couteaux à tailler les arbres.
Courbes en fer pour embarcations.
Crayons de charpentiers.

Crochets en fer ou en cuivre (dames et tolets pour avirons.)
Crochets pointus pour fils de fer.
Diamants pour couper le fer.
Douves de toutes les classes, travaillées ou non.
Emporte-pièces pour cordonniers.
Enclumes.
Équerres.
Étain en barres ou en planches.
Faux ou faucilles.
Fer-blanc.
Fer non ouvré, en saumons ou en barres.
Fer pour calfats.
Fers à repasser pour lavandières, tailleurs et charpentiers.
Feuilles de bois pour placage.
Filets pour pêcher.
Filières en fer.
Fil sde fer pour télégraphes.
Fils de fer pour clôtures désignés par les numéros 1 à 6 inclusivement.
Flèches ou cercles de fer ou de bois.
Formes de toutes sortes pour artisans,
Fourches.
Gaffes pour canots.
Gouges.
Grands couteaux pour bouchers, charpentiers, corroyeurs et tonneliers.
Grues ou tours pour lever les fardeaux.
Haches.
Hameçons.
Herminettes (haches courbes).
Herses et rateaux de toute classe.
Jonc brut.
Lanternes de talc.
Limes de toutes classes pour artisans.
Maillets en bois pour artisans.
Marteaux.
Marteaux à tranchants pour tailler les meules de moulins.
Mesures en bois ou en étoffe pour charpentiers ou tonneliers.
Meules à affûter avec leurs accessoires.
Moules et tubes pour les fonderies,
Niveaux.
Papier de verre, émeri.
Pelles en fer avec ou sans manches.
Petites brosses.
Petites vrilles avec ou sans manche.
Pierre ponce.
Pierres à aiguiser les instruments.
Pierres à paver de toutes espèces excepté celles en marbre.
Pierres pour lithographier.
Pierres pour meules.
Pinceaux pour le dessin et la peinture.
Pinces, petites tenailles.
Pinces pour charpentiers et cordonniers.
Pioches (bêches).
Pioches pour labourer.
Planches fines, minces, pour la confection des caisses à vermicelle et à vins.
Plomb en feuilles, en barres et en planches.
Poinçons.
Pointes de charrues.
Pompes avec tuyaux en caoutchouc ou en cuir pour épuiser l'eau des mines et leurs accessoires.
Ponts de fer.
Poulies de toutes classes.
Rabots de charpentiers.
Rames, avirons.
Râpes.
Règles, lignes.
Résine pour savons et navires.
Roues pour chariots, charrettes et brouettes.
Sacs vides.
Scies et scies à la main.
Seaux en fer pour tirer les métaux des mines.
Serpettes.

Soufflets de forge dépassant cinquante centimètres de largeur.

Statues, considérant comme telles les figures reliefs de grandeur naturelle ou imitation.

Sucre moulu (cassonade).

Tableaux à l'huile avec ou sans cadre.

Tamis pour cribler les métaux.

Tarières et mèches en fer.

Tenailles en fer pour arts et métiers.

Toiles écrues pour voiles, de lin ou de coton de toute largeur, numéros 1 à 7.

Toile de chanvre ou de jute pour sac, et de coton nommées tocuyo burdo.

Toles de fer sans peinture et non galvanisés.

Tourne-à-gauche pour affiler les dents des scies.

Tours pour charpentiers et autres métiers.

Tringles pour les cercles.

Truelles pour maçons et jardiniers.

Tuiles en argile ou en faïence pour toits.

Tuyaux et tubes de plomb ou de composition, et ceux de fer galvanisés ou non galvanisés.

Villebrequin avec des tarières (mèches).

Vis pour forgerons et orfèvres.

Voitures et chars pour l'usage des chemins de fer.

Zinc en planche et en barres.

2° ARTICLES PAYANT 10 0/0 DE DROITS D'ENTRÉ

Argent ouvré.

Chalumeau fin en or ou en argent.

Corail travaillé ou brut.

Épaulettes fines en or ou en argent.

Feuilles d'or et d'argent pour dorer.

Fils d'or et d'argent.

Garnitures et galons en or fin et en argent.

Joyaux en or et en argent et pierres précieuses, ou bien bijoux en général.

Montres en or ou en argent, de cuivre doré ou argenté pour la poche.

Paillettes fines en or ou en argent.

Perles fines.

Vaisselle et autres ustensiles en or et en argent manufacturé.

Dans le cas où ces objets seraient joints à d'autres de matière différente, quoique le tout forme un seul corps avec eux, si cette matière distincte excède de 10 p. 100 la valeur totale de l'objet, le produit sera soumis au droit commun de 25 p. 100.

3° ARTICLES PAYANT DES DROITS SPÉCIFIQUES

Café, 10 sous le kil.

Cidre ou bière, une piastre la douzaine de bouteilles de mesure ordinaire.

Cidre et bière par litre, sept sous le litre.

Cigares, 2 piastres par kil.

Genièvre, 5 piastres la douzaine de bouteilles de mesure ordinaire.

Rhum ou tout autre alcool, 5 piastres la douzaine de bouteilles de mesure ordinaire.

Rhum ou tout autre alcool jusqu'à 22 degrés, 27 sous le litre.

Rosoli et liqueurs mistela, 3 piastres la douzaine de bouteilles de mesure ordinaire.

Si l'esprit de vin, le rhum ou l'eau-de-vie marque plus de 22 degrés le droit à prélever sera augmenté de 1 p. 100 par degré.

Tabac rapé ou en poudre, 2 piastres le kil.

Thé, 65 sous le kil.

Vin blanc, 2 piastres la douzaine de bouteilles de mesure ordinaire.

Vin blanc, 15 sous le litre.

Vin rouge, 1 piastre 50 sous la douzaine de bout. de mesure ordinaire.

Vin rouge, 10 sous le litre.

Lorsque les vins et les liqueurs sujets à payer des droits fixes sont contenus dans des flacons ou des bouteilles qui ne sont pas de grandeur ordinaire, le douanier visiteur, chargé de la vérification, fera un compte de réduction afin de prélever les droits sur le pied de l'évaluation ordinaire et le susdit arrangement sera annoté au bas de la déclaration. Quand les vins ou les liqueurs qui ont été déclarés en bon état sont reconnus avariés, ou lorsqu'il y a déchet au moment de la vérification le commissaire et le visiteur en feront mention sur la déclaration, et l'évaluation se fera alors en raison du dommage constaté et le droit sera de 25 p. 100.

4° ARTICLES LIBRES DE TOUS DROITS

Alambics.

Animaux vivants ou disséqués (exotiques).

Ancres et petites ancres en fer.

Appareils pour éteindre les incendies.

Avoine.

Barques et chaloupes.

Barres en acier ou en fer.

Bouées en fer avec leurs chaînes et les pièces accessoires servant à les fixer.

Brai pour navires.

Câbles en fil de fer pour l'usage des mines.

Cartes et plans géographiques et topographiques.

Chaînes en fer dont les mailles excèdent 13 millimètres de diamètre.

Charbon de terre.

Clepsydres.

Clous en cuivre et de composition pour navires.

Compas pour habitacle.

Coton brut, en branches, avec ou sans grains.

Creusets et coupelles.

Goudron.

Harpons.

Jas d'ancre.

Martinet de fer et d'acier

Mercure.

Orge.

Patates douces.

Pompes à incendie et accessoires.

Pompes à vapeur pour arroser les champs et épuiser l'eau des mines.

Porte-voix pour navires.

Seigle.

Tampons et gournalles pour canots.

Objets destinés au culte divin lorsqu'ils viennent des ports d'expédition pour le compte de communautés, monastères, églises, au service desquels ils doivent être employés, pour autant que par leurs qualités ou leur nature, ils soient exclusivement destinés au service de l'autel.

Effets qui viennent des ports de provenance pour le compte, l'usage et la consommation des fonctionnaires diplomatiques accrédités par les puissances étrangères près le gouvernement du Chili, jusqu'à la somme de 10,000 pesos (50,000 francs) la première année et de 2,000 (10,000 francs) chaque année suivante.

Lesdits fonctionnaires ne jouiront pas de cette concession s'ils exercent la profession de commerçants.

Effets des ministres diplomatiques chiliens pour leur consommation ou usage personnel pour une valeur qui, selon le tarif d'évaluation, n'excède pas le traitement d'une année desdits fonctionnaires, et ce, pour autant que ces effets soient importés quatre mois avant ou quatre mois après leur retour dans la république.

Effets qui s'importent ou s'achètent dans les dépôts de douane pour compte de l'État, des municipalités ou des établissements de bienfaisance.

Hardes et bagages, c'est-à-dire les habillements, les chaussures, les bijoux, la vaisselle, les livres imprimés (sauf révision de la censure) et les comestibles, le tout à l'usage du propriétaire en quantité proportionnelle à son rang et aux circonstances qui l'amènent ; les meubles ne jouissent pas de cette faveur, fussent-ils vieux, ni les pièces entières de n'importe quels tissus.

Chaînes d'écoute.

Écubiers.

Leviers ou barres d'anspect.

Étouppes pour navires.

Feutre pour doublage les navires.

Fragments de navires naufragés, non compris les fournitures navales et vivres qui se trouveraient à bord lors du naufrage, qui payeront un droit d'importation au-dessus de la somme de 500 pesos (2,500 francs).

Ardoises avec ou sans cadres pour l'enseignement dans les écoles.

Argent en pâte et vieux.

Blé.

Boulons de cuivre, de bronze ou de composition et barres préparées pour couper les boulons, chevilles.

Cabestans pour lever les ancres.

Charrettes locomobiles de Thomson.

Échantillons de marchandises dont le droit n'excède pas un peso.

Encre préparée pour l'imprimerie et la lithographie.

Farine de blé.

Feuilles de cuivre et de composition pour doublage des navires.

Fourneaux de fer et autres instruments employés aux essais.

Fusées de poudre pour les mines.

Guano.

Indicateurs et manomètres de machines à vapeur.

Machines pour tourner le fer.

Id. à battre le blé.

Id. pour triturer les tourteaux de graines oléagineuses.

Id. hydrauliques pour presser le foin.

Id. pour scier.

Id. pour faire des boulons et des roses de vis.

Id. pour moudre les amandes.

Id. pour les vendanges.

Id. pour travailler le fer.

Id. et pompes destinées à alimenter les chaudières d'autres machines à vapeur de plus grande dimension.

Id. pour labourer et ses accessoires.

Id. pour piquer, couper les fourrages.

Id. pour triturer les os.

Id. pour moudre les molletons de terre.

Id. à plonger et ses accessoires.

Id. pour percer et recouper le fer.

Id. ou moulin à blé hydraulique ou à vapeur.

Id. à raboter et à scier le bois.

Id. pour nettoyer la farine.

Id. pour les minerais.

Id. pour couper le quillaï.

Id. pour confectionner les dulces (douceurs).

Id. élévatrices hydrauliques.

Id. pour couper le zinc et faire des boîtes pour conserves.

Id. à fabriquer la glace.

Maillons pour faire des chaînes d'ancre.

Maillons pour faire des chaînes.

Matières premières.

Matières premières pour la fabrication de filets et de toile à sac et la pulpe de coco connue dans le commerce sous le nom de coprah ou pufa.

Mâts de navires pour vergues et mâts d'embarcations.

Modèles de calligraphie et pour l'enseignement du dessin.

Modèles et dessins de machines.

Môles en fer.

Monnaies.

Moteurs de quelque classe que ce soit.

Moules pour faire les cadres et lingots pour l'imprimerie.

Or en poudre et en pâte.

Papier spécial sans colle ou moitié colle pour l'imprimerie et bandes de papier pour la télégraphie.

Papier pour calfater les navires.

Pierres pour moulins et petites sucreries.

Pièces de machines libres.

Plantes exotiques et leurs semences.

Poudre pour les mines.

Presses à lithographier et à stéréotyper.

Produits de la pêche faite par navires nationaux.

Salpêtre brut.

Sangsues.

Semence de coton.

Sphères géographiques et célestes.

Terres pour hauts-fourneaux.

Tubes de cristal pour machines à vapeur.

Toutes les fournitures navales qui se consomment à bord des navires mouillés dans les ports de la république.

Toutes les machines utiles au progrès de l'agriculture, des mines, des arts et des sciences, qu'il plaira au président de la république de désigner[1].

[1] Tous les articles qui ne figurent pas dans les tableaux payent 25 0/0 de droits d'entrée.

TRANSPORT DES MARCHANDISES

DESTINÉES

A L'EXPOSITION INTERNATIONALE DU CHILI

DE 1875

CHEMINS DE FER FRANÇAIS (TAXE DE 1re SÉRIE)

DE PARIS A BORDEAUX. Grande vitesse.. 25 fr. 59 par 100 kilos.
— — Petite vitesse. . 7 fr. 40 —

La réduction accordée par la Compagnie du chemin de fer de Paris à Orléans, est celle qui figure au tarif spécial de la dite Compagnie D, n° 43.

DE PARIS AU HAVRE. Grande vitesse. . . 10 fr. 21 par 100 kilos
— — Petite vitesse.. . . 3 fr. 15 —

La réduction accordée par la Compagnie des chemins de fer de l'Ouest, est celle qui figure au tarif spécial de la dite Compagnie P. V, n° 24.

DE PARIS A SAINT-NAZAIRE.

Même application du tarif spécial D, n° 43, accordé par la Compagnie du chemin de fer de Paris à Orléans.

FRETS DE NAVIGATION DE FRANCE AU CHILI

PAR VAPEURS. — Voie du Détroit de Magellan. — ***Compagnie anglaise de navigation à vapeur du Pacifique*** (The Pacific Steam Navigation C°). Agent à Bordeaux, M. Henry Davis, pavé des Chartrons, 1. —

Départs bi-mensuels de Bordeaux les 2e et 4e samedis de chaque mois, avec escale à Lisbonne.

Tarif : le mètre cube ou 900 kilos : 1re série, 160 fr. — 2e série, 92 fr. 50. — 3e série, 75 fr.

RABAIS DE 25 %, remboursable à Valparaiso, accordé par la Compagnie sur les prix de fret ci-dessus indiqués, pour les marchandises destinées à l'exposition.

PAR VAPEURS. — Voie de Saint-Nazaire et Panama. — *Compagnie générale transatlantique.* — Départs de Saint-Nazaire le 7 de chaque mois pour Colon (Aspinwall). Bureau de la Compagnie, à Paris, 4, rue de la Paix.

Pour le tarif de fret, s'adresser à la Compagnie.

La Compagnie générale transatlantique a accordé UN RABAIS DE 25 % sur les prix de ses tarifs, pour tous les articles destinés à l'Exposition, à la présentation par l'expéditeur, d'un certificat consulaire attestant que les articles sont bien destinés à la dite Exposition.

La **Compagnie de vapeurs Sud-Américaine** (Compania Sud-Americana de vapores) qui fait le service entre Panama et Valparaiso, a consenti à TRANSPORTER GRATIS les marchandises destinées à l'Exposition.

La Maison LAURETTE, faubourg Poissonnière, 36, se charge de donner tous les renseignements concernant les expéditions, et également de l'enlèvement à domicile, transport par chemin de fer, et embarquements à bords des vapeurs en faisant profiter les exposants de la réduction accordée par les Compagnies dechemin de fer.

PAR VOILIERS. — Voie de Bordeaux à Valparaiso. — Départs de Bordeaux à la fin de chaque mois. Maison ANT. D. BORDES, à Bordeaux et à Paris, rue du Conservatoire, 15. (La même maison fait partir des voiliers du Havre, le 16 de chaque mois).

Rabais accordé par ladite maison, 10 fr. par tonneau de 1 m. 44 ou 1000 kilos, ce qui réduit le fret à 40 fr. au lieu de 50 fr.

PAR VOILIERS. — Voie du Havre à Valparaiso. — Départs du Havre au commencement de chaque mois. Maison A. PETITDIDIER ET Cie au Havre et à Paris, rue de Provence, 34.

Rabais : Si le prix du tonneau est de 40 fr. (pour 1 m. ou 1000 kilos), le rabais est de 20 % soit 32 fr. par tonneau.

Si le prix du tonneau est au-dessous de 30 fr. il n'y a pas de rabais.

TRANSPORT PAR CHEMIN DE FER DE VALPARAISO A SANTIAGO

Rabais accordé, 50 % sur les prix des tarifs, et transport de retour gratis pour les objets qui doivent être réembarqués.

DISTANCE — KILOMÈTRES 183,57			
	1re CLASSE	2e CLASSE	3e CLASSE
PASSAGE par personne. . .	$ 5	$ 4	$ 2,50
Soit.	fr. 25	fr. 20	fr. 12,50
FRET par 100 kilos de poids.	cts. 66	cts. 55	cts. 44.
Soit.	fr. 3,30	fr. 2,75	fr. 2,20

CLASSIFICATION

En général les marchandises en caisses, et celles qui ne sont pas désignées dans la catégorie 2e et 3e, sont considérées comme de première classe.

Certains articles, comme les meubles, les barils vides, le liége, les alambiques, dont le volume n'est pas en rapport avec le poids, sont taxés, suivant leur mesure cubique, à raison de 300 décimètres cubes pour un quintal métrique de 100 kilos.

Les machines légères et volumineuses se trouvent également dans ce cas.

Dans la deuxième classe figurent entre autres les articles suivants : l'asphalte, le chanvre et le lin en brut, l'étoupe, l'étain, la cire, les cuirs secs ou salés, la faïence, les plantes et arbustes, le sel, le suif, etc.

La troisième comprend : la farine, l'orge, l'avoine, la chaux ensachée, le maïs, le beurre, le blé, etc., etc.

Les matières explosibles sont rechargées de 50 % sur le fret du Tarif.

AGENTS EN FRANCE POUR L'EXPÉDITION

A Bordeaux : M. Elie Landeau fils, consul du Chili, 34, rue Ferrère.
— M. Ant° Dom° Bordes, 10, quai des Chartrons,

Au Havre : M. Ant° Dom° Bordes, 83, rue d'Orléans.
— MM. A. Petitdidier et Cie, rue du Bocage-de-Bléville, 1.
— MM. E. La Chambre, Gautreau et Cie.

MM. les Agents sus-mentionnés se chargent de l'Expédition des objets destinés à l'exposition du Chili, sans demander aucune commission pour ce service.

LÉGATION DU CHILI

—

EXPOSITION INTERNATIONALE

DE SANTIAGO DU CHILI

Messieurs les Exposants sont prévenus que toutes les demandes d'admission et d'emplacements pour l'Exposition de Santiago du Chili doivent être adressées officiellement par duplicata au Consulat général du Chili, à Paris, avant le 1er janvier 1875.

Les produits français destinés à ladite Exposition devront être expédiés, *par voiliers*, du Havre et de Bordeaux, voie du cap Horn, du 15 février au 15 mars 1875, et *par vapeurs*, voies de Bordeaux et Magellan, ou voies de Saint-Nazaire et Panama, du 15 juin au 1er juillet 1875.

Le Président du Comité européen :

M. Alberto Blest Gana, envoyé extraordinaire et ministre plénipotentiaire du Chili à Paris, 54, rue de Monceau.

Le Vice-Président du Comité européen :

M. F. Fernandez Rodella, consul général du Chili à Paris, 26, rue de Laval.

PARIS. — IMP. SIMON RAÇON ET COMP., RUE D'ERFURTH, 1.

www.ingramcontent.com/pod-product-compliance
Ingram Content Group UK Ltd.
Pitfield, Milton Keynes, MK11 3LW, UK
UKHW020956180726
13838UKWH00003B/1358

9 782329 361741